NOTICE

SUR

M. MATTHIEU DE VENTAVON

LE SÉRAPÉUM DE SAKKARAH

Lecture faite à l'Académie Delphinale dans la
Séance du 23 décembre 1864

PAR

M. LE COMTE DE GALBERT

GRENOBLE

PRUDHOMME, IMPRIMEUR-ÉDITEUR
Rue Lafayette, 14

1865

NOTICE

SUR

M. MATTHIEU DE VENTAVON

LE SÉRAPÉUM DE SAKKARAH.

Grenoble, imp. de prudhomme.

EXTRAIT DU BULLETIN DE L'ACADÉMIE DELPHINALE

NOTICE

SUR

M. MATTHIEU DE VENTAVON

LE SÉRAPÉUM DE SAKKARAH

Lecture faite à l'Académie Delphinale dans la Séance du 23 décembre 1864

PAR

M. LE COMTE DE GALBERT

GRENOBLE

PRUDHOMME, IMPRIMEUR-ÉDITEUR

14, rue Lafayette

1865

NOTICE

M. MATTHIEU DE VENTAVON

Messieurs,

La bienveillance avec laquelle vous m'avez appelé à faire
partie de cette ancienne et savante Compagnie, quoique je ne
fusse personnellement connu que de quelques-uns d'entre vous,
ne peut me laisser aucun doute sur vos intentions en me con-
férant le titre de membre de l'Académie Delphinale. Ce ne sont
point de modestes services agricoles que vous récompensez par
une distinction aussi flatteuse, et je dois, sans craindre de me
tromper, rapporter à ma coopération à une grande œuvre, au
sort de laquelle m'a lié l'amitié de son énergique promoteur,
l'honneur que vous voulez bien me faire, qu'aucun succès lit-
téraire ne me permettait d'ambitionner.

Ma première pensée avait été de choisir pour sujet du discours auquel vos règlements convient le récipiendaire, l'une
des questions qui se lient à l'ouverture du canal de Suez, les
luttes de M. de Lesseps contre la diplomatie anglaise, par
exemple, l'état des travaux ou l'avenir de la Compagnie. Il me
semblait que je correspondais à vos désirs en abordant l'un de
ces sujets, tous palpitants d'intérêt et d'actualité, pour lesquels
je n'aurais pas même eu besoin de réclamer votre indulgence,
tant l'ouvrier et l'œuvre vous sont sympathiques, œuvre et
ouvrier, du reste, qui n'ont trouvé en aucune ville du monde
des adhésions plus enthousiastes que dans la vieille capitale de
ce beau et patriotique pays de Dauphiné où le droit de cité ap-
partient, comme par un privilége providentiel, à tout ce qui est
grand, hardi, généreux et libéral.

Mais une circonstance, accidentelle, je l'espère, ne m'a pas
permis de me livrer aux recherches que demandait ce travail.
Quelque familière que soit une question, quand elle est aussi
complexe que celle du canal de Suez, il est imprudent de l'abor-
der sans réflexion et sans études nouvelles. Je ne pouvais me
livrer ni aux unes ni aux autres.

Pourquoi vous cacher mes regrets? Sur cette merveilleuse
terre d'Egypte où toutes les civilisations, toutes les croyances,
tous les peuples, alternativement, ont gravé leur passage et
laissé l'empreinte de leurs mœurs en caractères ineffaçables,
nous aurions souvent retrouvé les souvenirs de la terre natale,
depuis les chevaliers dauphinois des croisades malheureuses
de Jean de Brienne et de saint Louis, et les intrépides compa-
gnons d'armes de Bonaparte et de Kléber, jusqu'à notre Cham-
pollion, dont M. de Lesseps a donné le nom à la principale
place de la première ville de l'isthme, hommage délicat et

spontané du fondateur du canal de Suez à la mémoire de notre
illustre compatriote.

Du voyage que j'ai fait en Egypte, en 1859, en qualité de délégué du conseil d'administration de la Compagnie universelle
du canal maritime de Suez, j'ai conservé quelques lettres primitivement destinées à ma famille seule. C'est un chapitre détaché de l'une d'elles, la visite au sérapéum de Sakkarah, que
je vous demande la permission de vous lire, pour remplir, autant du moins qu'il m'est possible de le faire, mon devoir de
récipiendaire.

Votre indulgence, que je réclame tout entière pour cette
communication, me tiendra compte de ma bonne volonté.
J'eusse dû, peut-être, retarder encore l'époque de ma présentation, ces lignes, écrites à la hâte, le soir, au retour de la caravane ou le lendemain au réveil, n'étant certainement pas
dignes de l'Académie; je me privais ainsi pour longtemps du
plaisir de vous entendre. Vous me pardonnerez, Messieurs, en
raison de mon vif désir d'entrer immédiatement en collaboration avec vous.

L'empressement avec lequel les hommes les plus considérables de cette ville cherchent à s'introduire dans vos rangs, me
donne la mesure de tout ce que mon esprit doit gagner à votre
commerce.

Mais avant de commencer cette lecture, j'ai à m'acquitter
d'un autre devoir que mon estime personnelle pour le caractère
de mon prédécesseur m'aurait imposé, si vos usages ne m'en
faisaient, je ne dirai pas une obligation, mais une sorte de convenance, et c'est ici que je ne puis vous cacher combien mes
regrets deviennent profonds, puisque je devrai me borner à

esquisser rapidement la vie de cet homme de bien que la population entière de Grenoble accompagnait naguères à sa dernière demeure.

Cette réserve, du reste, dans laquelle je suis malheureusement obligé de me contenir, n'a point, pour les membres de l'Académie Delphinale qui ont intimement connu M. de Ventavon, l'importance qu'elle pourrait avoir dans une enceinte où ses excellentes qualités, son érudition solide et son remarquable talent d'orateur n'auraient pu être aussi généralement appréciés. Pour la plupart d'entre vous, M. de Ventavon était un ami ; pour d'autres, un maître vénéré ; pour tous, un conseil respectueusement écouté. Mes paroles n'ajouteraient donc rien à la douleur que vous a fait éprouver sa perte, et à l'estime dont sa mémoire restera entourée parmi vous.

Né à Gap, le 11 juin 1800, Jean-Mathieu Tournu de Ventavon avait fait ses études littéraires au lycée de Grenoble et suivi, de 1818 à 1821, les cours de la faculté de droit de cette ville.

Destiné à la magistrature dans laquelle son père, conseiller au Parlement, avait tenu une place distinguée, il entrait, en 1822, au parquet du tribunal de Grenoble, comme substitut du procureur du roi ; en 1827, au parquet de la Cour en qualité de substitut du procureur général, et venait à peine d'être nommé avocat général, en 1830, lorsque éclata la révolution de juillet.

Entre l'avenir séduisant que lui offrait la poursuite d'une carrière où il avait brillamment débuté, et la retraite, le magistrat, lié par son serment, ne crut pas devoir hésiter. Au mois de novembre suivant, il rentrait au barreau, et prenait, dès les premiers jours, cette première place qu'il a su garder jusqu'aux derniers moments de sa vie.

Appelé au conseil de l'Ordre en 1833, il était nommé Bâtonnier en 1839, réélu en 1846 et en 1859. En même temps, ses concitoyens des Hautes-Alpes l'appelaient, en 1840, au conseil général du département, dont il devenait, par le choix de ses collègues, le secrétaire général. Il remplissait ces fonctions tout honorifiques, lorsqu'il donna sa démission à la suite des événements de février 1848.

Ceux d'entre vous, Messieurs, qui ont habité la ville de Gap savent de quelle considération y était entouré le représentant du canton de Laragne.

M. de Ventavon était le conseil des principales familles de la province. Peu d'affaires importantes se sont plaidées à Grenoble sans qu'il ait été appelé, soit à donner son avis, soit à porter la parole. Dans une foule de circonstances, son opinion fit loi. Je me souviens d'un procès qui m'intéressait particulièrement, et dont mon adversaire, trompé par des renseignements erronés, tenait absolument à lui confier la défense. Il voulut bien se rappeler que je lui avais quelquefois demandé ses conseils et me prévint des sollicitations dont il était l'objet.

« Soyez le juge, lui répondis-je, voici mes titres. »

Quelques jours après il me les renvoyait en m'annonçant le désistement de mon adversaire.

L'affaire était de nature à parcourir tous les degrés de juridiction.

M. de Ventavon avait été chargé, en 1839, à l'époque où M. de Ravignan vint prêcher à Grenoble, de le complimenter au nom de ses auditeurs. Son discours à l'illustre prédicateur est encore présent à vos mémoires. M. de Ravignan n'aurait pu trouver un plus éloquent et plus sympathique interprète de l'admiration et de la reconnaissance publiques.

M. de Ventavon était depuis longtemps votre collègue à l'Académie Delphinale. Il était également membre de l'Académie flosalpine.

Il y a peu de jours, Messieurs, le savant bâtonnier de l'ordre des avocats de cette ville présentait à ses jeunes confrères, comme un noble exemple d'honnêteté politique, la conduite de M. de Ventavon, sacrifiant, après les journées de juillet, une haute position judiciaire à ses affections pour le parti vaincu, et venant, simplement et sans bruit, prendre place au barreau. Cette dignité dans la mauvaise fortune ne se démentit jamais chez votre collègue. Mais qui nous dira ce que dut éprouver de regrets et d'angoisses celui dont la brillante carrière venait d'être subitement brisée? Relations rompues, habitudes changées, avenir incertain; que d'inquiétudes et de douleurs dont ne peuvent qu'entrevoir l'amertume ceux qui n'ont jamais bu à ce calice !

Quand la tempête l'eut renversé, M. de Ventavon ne proféra pas une plainte; de même que, plus tard, lorsque des félicitations venues de haut, et les suffrages de ses confrères le consolèrent de son sacrifice, on ne l'entendit jamais se faire un titre d'orgueil de ses succès, sa modestie ne voulant accepter pour confidents de ces joies bien légitimes que sa famille et quelques amis.

Ai-je besoin d'ajouter qu'il ne varia pas plus dans sa fidélité que dans son dévouement à de grandes infortunes? Offres d'honneurs et d'emplois, sollicitations, tout vint expirer devant la fermeté de ses convictions et ne servit qu'à accroître, s'il était possible, sa bienveillance naturelle et à le rendre plus indulgent pour les opinions de ses confrères, quelque opposées qu'elles fussent aux siennes. Cette bienveillance était telle que, malgré la distance qui dut parfois le séparer de ses adversaires politiques, au travers de deux révolutions, il comptait autant d'amis qu'il avait de confrères au barreau, où son autorité morale était aussi universelle qu'incontestée.

M. de Ventavon avait une grande connaissance des hommes et des affaires. La bonté de son caractère lui faisait chérir les premiers; il aimait les secondes pour le bien qu'elles lui permettaient de faire.

Combien il est à regretter, Messieurs, que les discours et les plaidoyers de votre excellent collègue n'aient jamais été recueillis ! Esprit éminemment vulgarisateur, me disait dernièrement un homme des plus autorisés, il s'exprimait avec une clarté, une netteté d'expressions qui devaient singulièrement faciliter la tâche du juge. Ainsi ont été perdus des modèles dignes d'être transmis à la postérité où se seraient trouvées réunies les qualités oratoires si nécessaires au barreau et le mérite qu'apprécie particulièrement l'Académie, les qualités littéraires.

Pendant que M. de Ventavon se plaçait à la tête du barreau de Grenoble, d'autres (1), victimes comme lui des révolutions politiques, illustraient leurs noms par le travail : archéologie, littérature, jurisprudence, rien n'échappait à leurs laborieuses

---

(1) L'orateur se retourne vers M. du Boys, président de l'Académie.

recherches, tant il est vrai que les hommes d'énergie ne font que changer la nature de leurs succès en changeant de carrière.

La mort n'a pas surpris M. de Ventavon ; elle a trouvé prêt au sacrifice le chrétien qui, selon les saintes Ecritures (Proverbes, xxxi-12), avait apporté le bien et non le mal tous les jours de sa vie.

Aussi, Messieurs, son nom ne périra pas (Eccli. xxxvii-29). Dans cette carrière du barreau qu'il honora pendant 33 ans, il lui a été donné de guider les premiers pas de ses fils, d'entrevoir l'avenir que leur réservent d'heureuses dispositions naturelles, de solides études et, puissante consolation, de les confier à son frère (M. Casimir de Ventavon me pardonnera de vous rappeler ce qui est de notoriété publique), de les confier à son frère, l'un de ses plus savants collègues dans cette compagnie, son plus brillant confrère au Palais.

« Noblesse oblige, » disaient nos pères.

Pour occuper bientôt au milieu de vous et dans le monde la place si honorablement conquise par leur père et par leur oncle, les fils de M. Matthieu de Ventavon n'ont qu'à se pénétrer du vieil adage qui veut bien dire *privilége*, mais qui signifie surtout *devoir*.

LE SÉRAPÉUM DE SAKKARAH.

12 avril 1859.

Cédant à nos prières et aux sollicitations empressées de M. Marvette, conservateur du musée égyptien du Louvre, chargé par Saïd-Pacha des fouilles de Memphis et de Thèbes, M. de Lesseps a bien voulu accompagner la caravane au sérapéum et se charger, comme au désert, de nous éveiller pour l'heure du départ.

Dès trois heures du matin, sa voix retentissait dans les galeries de l'hôtel oriental. A quatre heures, le café était servi, les provisions de voyage installées, et nous montions dans les calèches élégantes mises à notre disposition, précédés de nos agiles saïs, porteurs de ces hautes torches de résine appelées *machalahs* qu'ils agitent en courant pour éclairer la route, et qui, dans les magnifiques allées de l'Esbekich, projetaient les plus bizarres lueurs sur les maisons et sur les arbres.

Cette fantasmagorie était un prélude plein d'à-propos pour une visite aux nécropoles. Nous traversions, en outre, un

champ de bataille de l'armée française ; nos torches éclairaient
les murailles du palais où fut assassiné Kléber ; son meurtrier
avait été exécuté sur cette même place, si souvent arrosée depuis du sang des mamelouks, et je n'oserais nier que nos ima-
ginations, surexcitées, n'aient pas entrevu, au milieu de ces om-
bres, des spectres, des bourreaux ou des gibets.

A cinq heures, nous arrivions au vieux Caire où des barques
nous attendaient. Au moment où nous franchissions la première branche du Nil, à la naissance de la gracieuse île de Rou-
dah, riant témoin des amours d'Antoine et de Cléopâtre, au
pied du palais du Nilomètre, le ciel perdait sa teinte pâle et se
colorait insensiblement des tons frais et tendres de l'aurore.

Dans mes précédentes lettres, je n'ai cessé de parler en ter-
mes trop enthousiastes, peut-être, du privilége dont jouit ce
climat béni de l'Egypte, de donner à toutes choses des nuances
nettes, précises, distinctes, et cependant enveloppées d'un vague
indéfinissable ! Que devrais-je vous dire du spectacle de ce
matin ? Arbres, minarets, dômes, tout semblait revêtu d'une
parure nouvelle.

La traversée dura une heure. Ce fut une heure d'ivresse pendant laquelle mes regards charmés ne cessèrent d'errer d'une
rive à l'autre, suivant toutes les gradations et les trans-
formations de coloris opérées par l'ascension lente des premiers rayons du soleil.

Il parut, enfin, inondant toute cette riche nature de flots de
lumière, versés comme par d'immenses corbeilles d'or sur les
eaux frémissantes du Nil, sur ces arbres, sur ces kiosques, sur
ces minarets devenus éblouissants, sur tout ce luxuriant pay-

sage que la palette d'aucun peintre ne rendra jamais dans sa réalité splendide.

Les barques touchaient à peine à la plage de Giseh, que nous étions encore plongés dans le même sentiment de surprise et d'admiration.

Nos ânes attendaient sur la rive; rapidement enfourchés, ils nous transportèrent au galop vers les massifs de palmiers où fut Memphis, marchant sur une étroite berge de canal, devenue la seule route praticable de la vieille capitale des Pharaons. Au travers du feuillage des mimosas qui bordaient le chemin, nous voyions le soleil s'élever graduellement à l'horizon, enveloppant peu à peu de l'éclat de ses rayons les champs de blé et de bersimes.

Nous courûmes ainsi, enlevés par nos ardentes montures, côtoyant tour à tour les guérets et les pâturages, sans repos et sans trève, pendant près de 15 kilomètres.

Tantôt le sentier débouchait au centre d'un village au milieu duquel nous ne rencontrions que des enfants, des canards et des oies, barbotant ensemble dans les canaux d'irrigation, et s'enfuyant pêle-mêle à notre approche, effrayés par le bruit de la caravane; tantôt nous traversions des oasis de palmiers tellement pressés que le soleil en perçait à peine l'ombrage. Les bestiaux, attachés aux pacages, émaillaient littéralement la campagne. Les tentes des pasteurs étaient semées dans la plaine, au milieu de laquelle s'ébattaient des bataillons pressés de pigeons, d'ibis et de corneilles.

La nuit venue, tout s'endort, côte à côte, sur le pré : les oiseaux, les bœufs, les moutons et les bergers.

Les pyramides de Sakkarah ne présentent pas au touriste l'aspect imposant et grandiose des pyramides de Gyseh. A peine s'élèvent-elles au-dessus des monticules de sable qui recouvrent la nécropole. Une immense quantité d'ossements desséchés, blanchis par le soleil, gît, éparse sur le sol, jusques sur les premiers gradins de la colline; au sommet, on découvre le chalet construit par M. Maryette et habité par sa famille.

Ces ossements, extraits des sépultures où trente siècles ont accumulé, autour du tombeau d'Apis, tous les cadavres des bœufs morts sur la surface de l'Egypte entière, sont transportés chaque jour, à dos de chameaux, au Caire ou dans les barques du Nil, d'où on les exporte, dit-on, jusqu'en Europe.

Il en existe des couches d'une profondeur et d'une étendue qui déroutent tous les calculs de la science, toutes les hypothèses imaginables : c'était peut-être une garde funèbre, placée à la porte du temple où dormaient les dieux de la vieille Egypte !

M. Maryette vint à la rencontre de M. de Lesseps et le conduisit dans sa maisonnette. Des excavations nombreuses, résultat des fouilles opérées par ses soins, rendent le passage difficile en quelques endroits. Nous avions laissé nos ânes au bas de la colline.

En attendant le déjeuner, notre hôte, impatient de faire parcourir son funèbre domaine, invita M. de Lesseps à visiter un puits nouvellement ouvert, au fond duquel on venait de trouver un sarcophage. Malheureusement, la sépulture n'était pas intacte : les cadavres qui y avaient été ensevelis avaient disparu. Violée à une époque restée inconnue, la tombe de granit qui contenait les corps était couverte d'hyéroglyphes. Je n'assistai pas à la lecture que fit M. Maryelle de tous les titres des défunts, mais il en résultait que les personnages dont l'on ne retrouvait que l'histoire, étaient le barbier de Rhamsès II et sa femme.

Tout le monde se demandait par où et comment avait été introduite, au fond de ce puits de vingt mètres de profondeur, une aussi lourde masse de pierre (près de 4 m. de longueur sur une hauteur de 1 m. 50 cent., et près de 2 m. de largeur.)

Pour y descendre, chacun de nous dut se faire attacher par les épaules et par les jambes à une corde que trente ou quarante Arabes retenaient avec peine, quoique fixée à un treuil placé au-dessus de l'ouverture. On glissait, en se défendant des pieds et des mains, contre les rugosités des parois. Peu de jours auparavant, un Anglais avait voulu, malgré les guides, descendre sur une planche mal attachée; ses mains avaient lâché la corde et, tombé au fond du puits, il s'était brisé la tête contre la muraille.

Autour des excavations fraîchement fouillées, nous retrouvions de nombreux fragments de momies mutilées, gisant sur le sol. Je butinai, pour ma part, une lampe funéraire en terre jaunâtre et trois petites statuettes.

Le dîner, présidé par la belle et gracieuse femme de notre hôte, avec cette amabilité toute française que l'on est heureux de retrouver sur la terre étrangère, surtout en pareil lieu, avait été servi sous une sorte de galerie ouvrant sur la vallée du Caire. Memphis et ses 400,000 palmiers, le Nil et ses diverses branches, la forêt pétrifiée, le Mokatam, le Delta, les pyramides et les colonnes du barrage, se développaient à nos regards dans un immense et imposant tableau qu'encadraient les lignes blanches du désert. Sous nos pieds, à quelques mètres à peine, dans un creux en partie comblé par le sable, les statues en pierre de plusieurs philosophes grecs semblaient discuter gravement l'une des questions de morale ou de métaphysique qui agitèrent si vivement l'école d'Alexandrie pendant le règne de Ptolémée.

Après le dîner, que la conversation si intéressante et si attachante de notre hôte avait prolongé bien au-delà de nos habitudes, nous nous dirigeâmes par l'allée des sphynx vers le sérapéum où dormit si longtemps la succession des bœufs Apis.

Cette allée, dont on avait perdu les traces et qu'Hérodote, Strabon, Diodore de Sicile avaient signalée comme le chemin du sérapéum, a été dégagée. De dix mètres en dix mètres et de chaque côté se dresse fièrement un sphynx en pierre blanche. Cette pierre est malheureusement trop friable, et ne résiste à l'action du temps qu'avec un lourd manteau de sable. On a dû, pour conserver les sphynx, les laisser envahir peu à peu. Quelques-uns ont beaucoup souffert.

Sur les indications que semblaient lui donner les auteurs anciens, M. Maryette porta ses fouilles dans la direction de l'allée des sphynx ; bientôt après, l'entrée du sérapéum, perdue depuis des siècles, était retrouvée.

On pénètre actuellement dans les voûtes de cette nécropole, dont le labyrinthe ne mesure pas moins de 800 mètres, par une ouverture assez large dont la base plonge encore dans le sable, et dont la partie supérieure, mise à jour, est couverte de caractères parfaitement conservés, de figures et d'hyéroglyphes. A quelques pas en avant de l'entrée, un immense sarcophage en

granit vert barre le passage ; M. Maryette nous engagea à at
tendre sous son ombre que nous fussions habitués à l'obscu-
rité qui commençait à nous envahir.

Dans les couloirs, où n'existe d'autre communication exté-
rieure que la porte par laquelle nous sommes arrivés, une surprise avait été préparée. De dix en dix mètres, à l'imitation de
l'allée des sphynx, se dressaient des cariatides vivantes, immo-
biles, portant à la main des candélabres ou des torches. Cent
Arabes avaient été réunis pour donner à M. de Lesseps le spectacle de l'illumination du sérapéum. — Des lampes et des bou-
gies étaient disposées, en outre, partout où M. Maryette en avait
reconnu l'opportunité, autour de chaque tombeau et contre les
parois des soixante-quatre grottes creusées sur les deux côtés
de la voûte.

Les tombes, que nous visitâmes les unes après les autres,
sont au nombre de vingt-quatre et ont contenu chacune un
dieu. Soixante-quatre grottes ayant été préparées pour recevoir
un pareil nombre de dépouilles, on pense qu'elles n'ont jamais
été occupées, les ensevelissements ayant cessé après la con-
quête des Perses. Probablement le sarcophage qui est resté à la
porte du temple, venait d'être amené au moment où le vain-
queur interdit les cérémonies du culte national.

Cette enfilade d'hommes et de lumières produisait un effet
magique sous les arceaux.

Nous nous fîmes hisser dans l'un des tombeaux dont le couvercle était soulevé, et nous y entrâmes au nombre de huit. On
aurait pu aisément y tenir quinze.

En effet, chaque tombe, composée d'une seule pièce de gra-

nit, polie intérieurement et extérieurement, n'a pas moins de
1 mèt. 72 cent. de vide en hauteur intérieure, sans le couvercle, et mesure extérieurement 3 mèt. 75 cent., couvercle com-
pris. La longueur intérieure du sarcophage est de 4 mèt., et la
voûte sous laquelle repose cette masse énorme n'a pas moins
de 6 à 7 mèt. d'élévation, 5 mèt. de largeur et 12 mèt. de longueur.

Une seule tombe était un peu moins grande : M. Maryette
nous expliqua qu'elle avait contenu un jeune taureau pressé de
rejoindre ses pères dans l'Olympe, et mort sous Darius, fils
d'Hytaspe. Ce n'est donc pas celui que tua Cambyse au retour
de la malheureuse campagne d'Egypte.

Les explications et les renseignements donnés par notre illustre cicérone étaient tellement intéressants, que nous restâ-
mes plusieurs heures à l'écouter et à le suivre. Quand nous
voulûmes sortir, nos yeux n'étaient plus habitués à l'éclat du
soleil. La vue du sable embrasé nous brûlait les paupières. Je
pris le bras d'Abdallah, mon guide favori, qui avait cessé ses
fonctions de cariatide; je fermai les yeux et marchai à l'aven-
ture jusqu'au salon de notre hôte. Abdallah m'avoua plus tard
qu'il n'y voyait pas plus que moi.

Pendant le déjeuner, les ouvriers de M. Maryette lui appor-
taient à chaque instant une foule d'objets extraits des fouilles :
statuettes, lampes funéraires, scarabées, sculptures, hyéroglyphes. L'un d'eux lui présenta un vase en grès dont l'orifice
était formé de bandelettes jaunâtres. Il l'ouvrit ou plutôt le
brisa devant nous. Il contenait 15 œufs d'ibis sacrés, desséchés
mais parfaitement intacts; il me les remit. Abdallah fut chargé
de les apporter au Caire.

La nécropole de Sakkarah ne recevait pas seulement les dépouilles mortelles du bœuf Apis, celles des rois et des hauts personnages de Memphis et d'une partie de l'Egypte. Une foule d'autres animaux : des lézards, des oiseaux, des crocodiles, des chats, partageaient avec Apis les honneurs de l'Olympe et dormaient côte à côte, délicatement embaumés et revêtus de linges et de bandelettes parfumés.

En voyant épars sur le sable, auprès des tombes vides, tant de fragments de momies humaines : des torses, des bras, des pieds, des têtes, gisant à côté d'autres fragments d'animaux immondes, je ne pouvais me défendre d'une émotion pénible.

Je vous ai dit que 400,000 palmiers couvraient aujourd'hui le sol de l'antique Memphis. Plus de palais, plus de temples, plus de monuments, à peine y trouve-t-on quelques rares débris d'une opulence dont les tombeaux seuls suffiraient à donner la mesure; quelques marbres brisés, quelques colonnes tronquées, dont le fellah achève la destruction chaque jour. On croit que toutes les richesses de Memphis ont été transportées à Fostat. Aujourd'hui, à son tour, Fostat n'est plus qu'une ruine.

La tradition a conservé la place où fut la prison de Joseph. Les fellahs montrent des fragments de murailles qui se sont écroulés sur les voûtes sous lesquelles le fils de Jacob avait été prisonnier (¹).

(¹) Depuis que ces lignes sont écrites, de nouvelles découvertes ont mis à jour des inscriptions qui ne laissent aucun doute sur la réalité de ce fait historique. Les traditions arabes trompent rarement.

Néanmoins, le colosse de Sésostris, dégagé en partie par les soins du consul d'Angleterre, est assez bien conservé ; c'est le seul débris qui subsiste de tant de monuments gigantesques.

Ces tombeaux, ces statues, ces ruines de la basse Egypte, ne sont rien à côté des ruines de Thèbes ! Dans la ville aux cent portes, les temples, les palais sont debout ; les tombeaux, en partie, sont intacts. M. Maryette y a fait de merveilleuses découvertes.

Parmi les tombes royales non encore violées, trouvées par lui, il en est une, la plus riche, la plus complète de toutes celles dont on a conservé le souvenir, qui a été apportée de Thèbes à Boulak, dans le musée que Saïd-Pacha a créé. — Elle contenait la momie d'une reine auprès de laquelle étaient étalés des bijoux de toutes sortes, précieux, sans doute, sous le rapport de la valeur, puisqu'on les estime à 75,000 fr. au moins, mais inappréciables surtout au point de vue artistique et archéologique.

Dans un magnifique ouvrage dont M. Maryette a entrepris la publication, et dont il a bien voulu nous communiquer quelques-unes des charmantes gravures, tous ces bijoux si curieux seront reproduits. Une telle perfection de travail, de pareilles richesses, témoignent du degré de civilisation politique, agricole, artistique et industrielle auquel l'Egypte s'était élevée sous les Pharaons.

L'ouverture du canal de Suez sera le signal de la rénovation générale des peuples orientaux. On peut, sans être taxé d'exagération, entrevoir dans l'avenir, pour ces heureux pays, une grandeur, une puissance égale et même supérieure au passé. Déjà, sous l'administration régénératrice de Méhémet-Ali et de ses fils, l'Egypte a fait un pas immense : son commerce s'est étendu, son agriculture s'est améliorée, son industrie s'est développée, tous ses produits ont décuplé. Qui pourrait douter de sa puissance et de sa grandeur futures, quand elle sera le centre du commerce du monde, le rendez-vous de toutes les intelligences et de toutes les supériorités sociales, dont la douceur de son incomparable climat et les facilités actuelles de locomotion lui assurent à jamais le privilége!

Il était près de cinq heures quand nous reprîmes la route du Caire. A mes côtés, Abdallah portait mes œufs d'ibis. Nous n'avions pas fait un kilomètre, qu'il en avait cassé une partie. Je m'emparai du vase qui les contenait, lâchai la bride à mon âne, et soutins, suspendu entre mes mains, mon précieux fardeau jusque sur les rives du Nil où la barque me permit de les déposer en lieu sûr.

Au retour de la caravane sur la berge du vieux Caire, le soleil ne s'était point encore abaissé derrière les pyramides de Giseh. Le Mokatam, la citadelle, les mosquées de la ville, tout était en feu. L'Arabe, dans son poétique langage, appelle du doux nom de caresses les dernières clartés du soleil couchant. Elles vous enveloppent, en effet, comme d'une effluve magnétique.

Cinq ans se sont écoulés depuis mon voyage en Egypte. Si je n'avais eu le soin d'en noter les principaux épisodes dans mes lettres quotidiennes, ma mémoire certainement m'aurait souvent fait défaut; mais ce que je n'eusse pas oublié, ce que je n'oublierai de ma vie, ce sont moins les monuments, les pyramides, les grandes ruines, quelque vive qu'ait été l'émotion que leur vue m'a fait éprouver, que ces levers et ces couchers de soleil : les premiers, d'une grâce si pénétrante, si douce et si vigoureuse à la fois ; les seconds, d'un éclat, d'une splendeur dont notre pâle Europe ne peut se figurer la magnificence, dont le soleil d'Italie même ne donne qu'une idée incomplète.

Au Caire, dans le désert, sur le Nil, tous les matins, je contemplais le cortége de vapeurs radieuses au milieu desquelles il s'élevait majestueusement ; je revenais le soir, quand il embrasait l'atmosphère de ses derniers feux. Comment s'étonner, me disais-je, que tant de peuples en aient fait un dieu, que les Egyptiens eux-mêmes lui aient dédié des temples et des villes ?

Ce soleil si doux et si beau, ce ciel si pur, cette nature si riche de l'Egypte, suffisent pour expliquer comment les peuples nés sous ce climat privilégié ont pu, pendant des siècles de paix, s'élever à un si haut degré de civilisation. Ils expliquent en même temps l'ardeur avec laquelle les nations moins favorisées se sont jetées, à tour de rôle, sur une aussi belle proie.

De nos jours, c'est l'Angleterre qui convoite l'Egypte. La guerre acharnée qu'elle y fait à l'influence française n'a pas d'autre mobile que la possession de ce magnifique pays, qui est non-seulement le chemin des Indes, mais la clef de l'Orient. Qu'importent les intérêts de l'univers entier à son égoïsme mercantile !

Nous voici bien loin de Sakkarah ! et j'allais vous parler de Carthage à propos du temple d'Apis ! Parce que la France est le seul peuple du monde qui fasse la guerre pour une idée, et

quoique l'ouverture du canal de Suez soit l'une des plus har-
dies et des plus fécondes idées du siècle, nous n'aurons jamais
à pousser le cri de Rome.

L'opposition de l'Angleterre n'ira pas au-delà des protocoles.
Qu'elle s'ingénie à semer sous les pas de M. de Lesseps toutes
les difficultés imaginables, elle ne vaincra jamais sa persévé-
rance et son énergie. — Pouvais-je, Messieurs, terminer cette
lecture sans vous dire que notre confiance dans l'achèvement
de l'œuvre est complète ?

www.ingramcontent.com/pod-product-compliance
Lightning Source LLC
Chambersburg PA
CBHW051745050726

47598CB00003B/1346